まちごとチャイナ

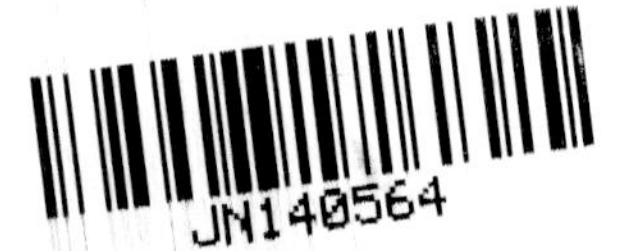

Liaoning 009 Beiling

北陵と瀋陽郊外

関外の「皇帝」墓陵

Asia City Guide Production

【白地図】瀋陽

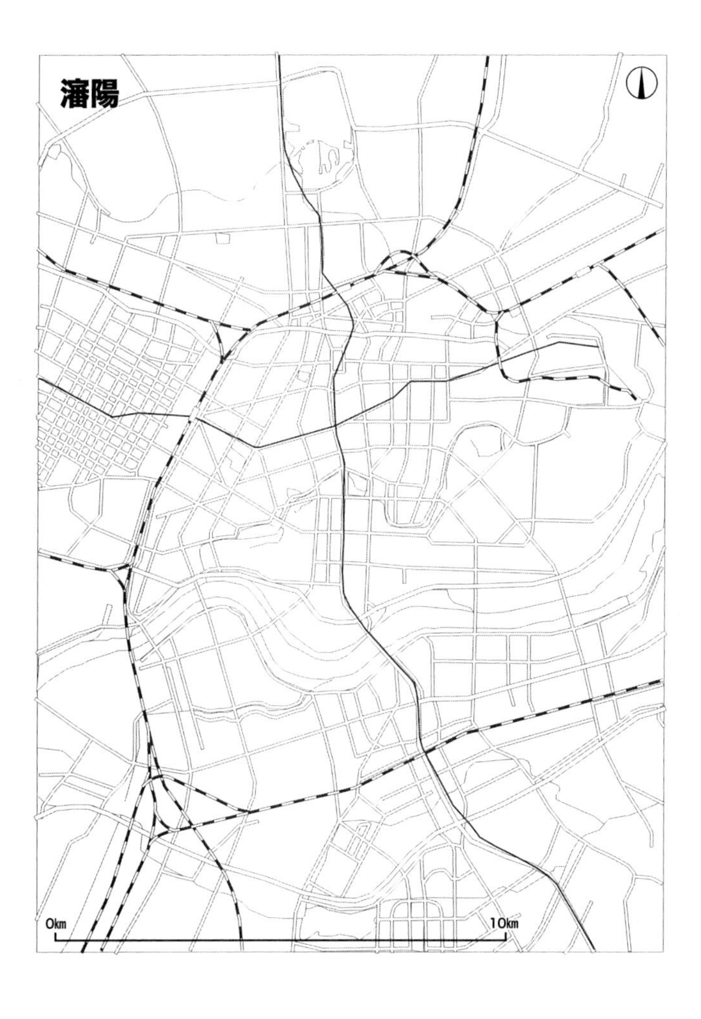
瀋陽
0km
10km

【白地図】北陵公園

北陵公園
0km
1km

【白地図】昭陵（北陵）

CHINA
遼寧省

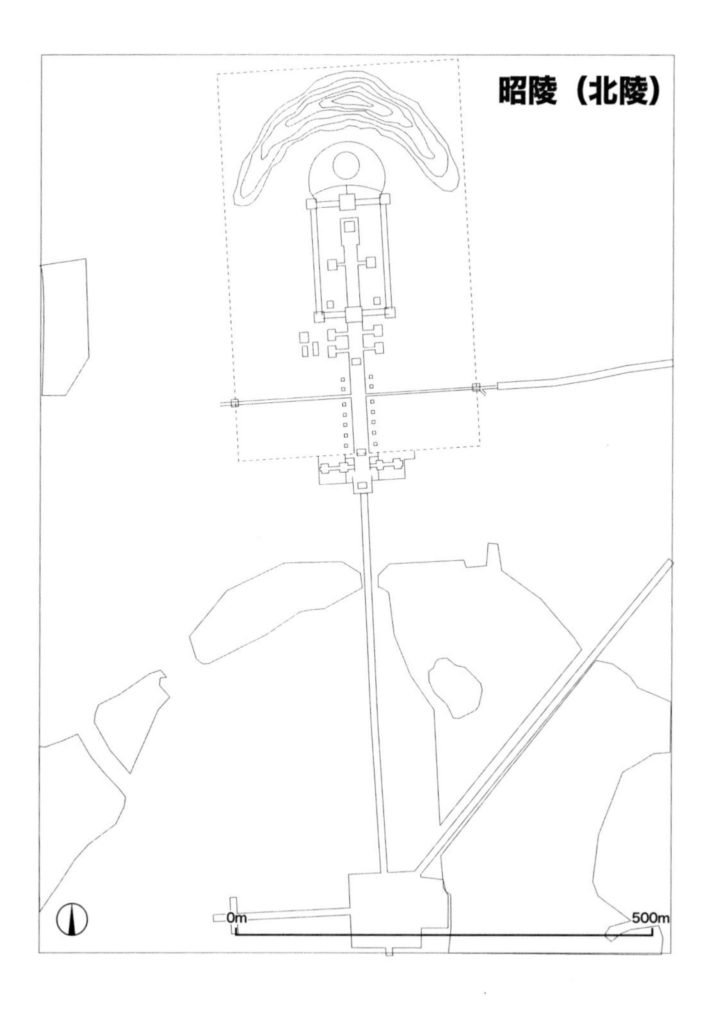
昭陵（北陵）
0m
500m

【白地図】瀋陽北部

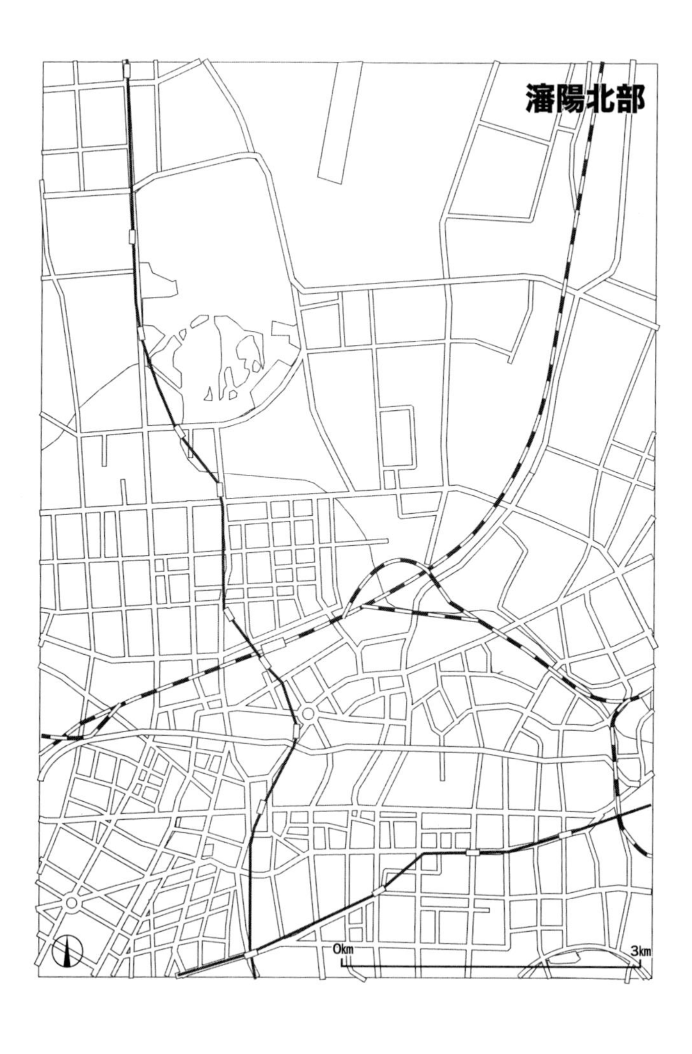
瀋陽北部
0km
3km

【白地図】九・一八歴史博物館

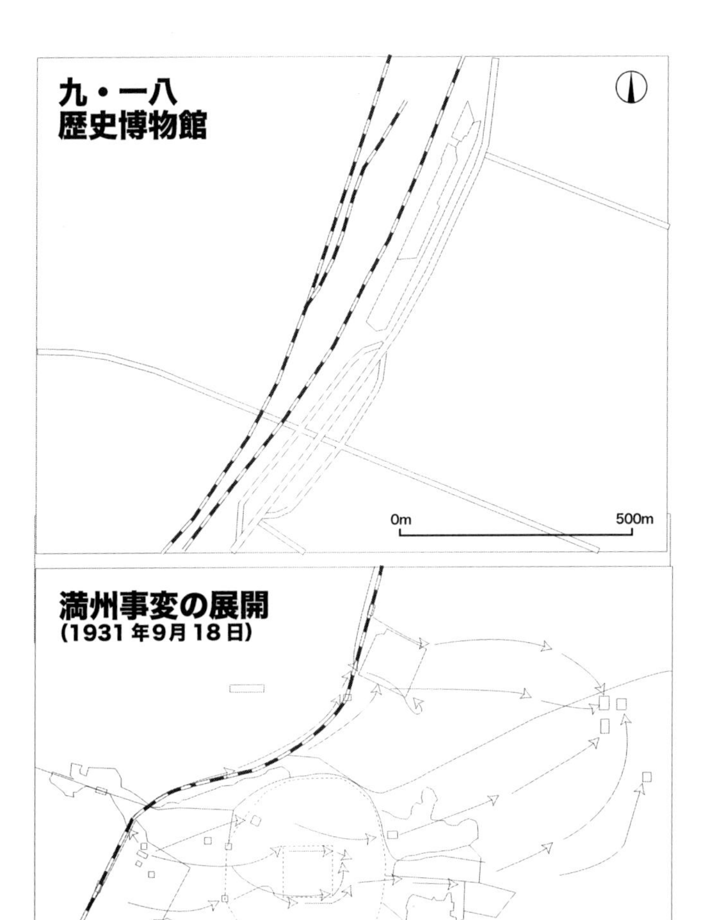
九・一八
歴史博物館
0m
500m
満州事変の展開
(1931 年9月18日)
0km
5km

【白地図】瀋陽郊外

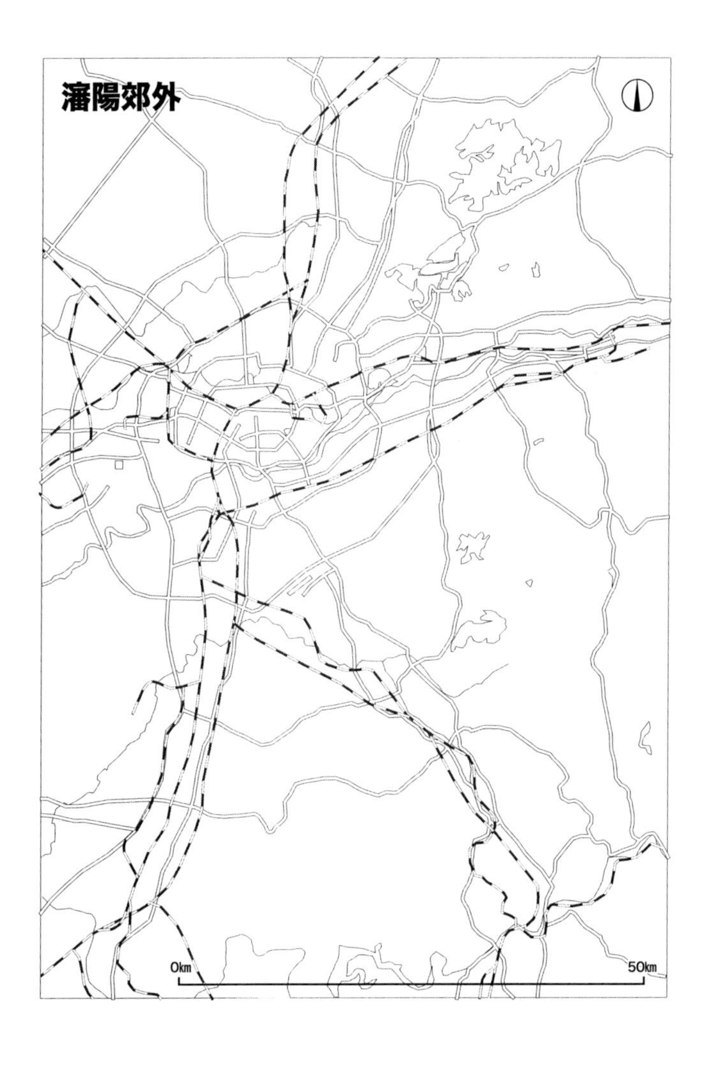
瀋陽郊外
0km
50km

【白地図】瀋陽東部

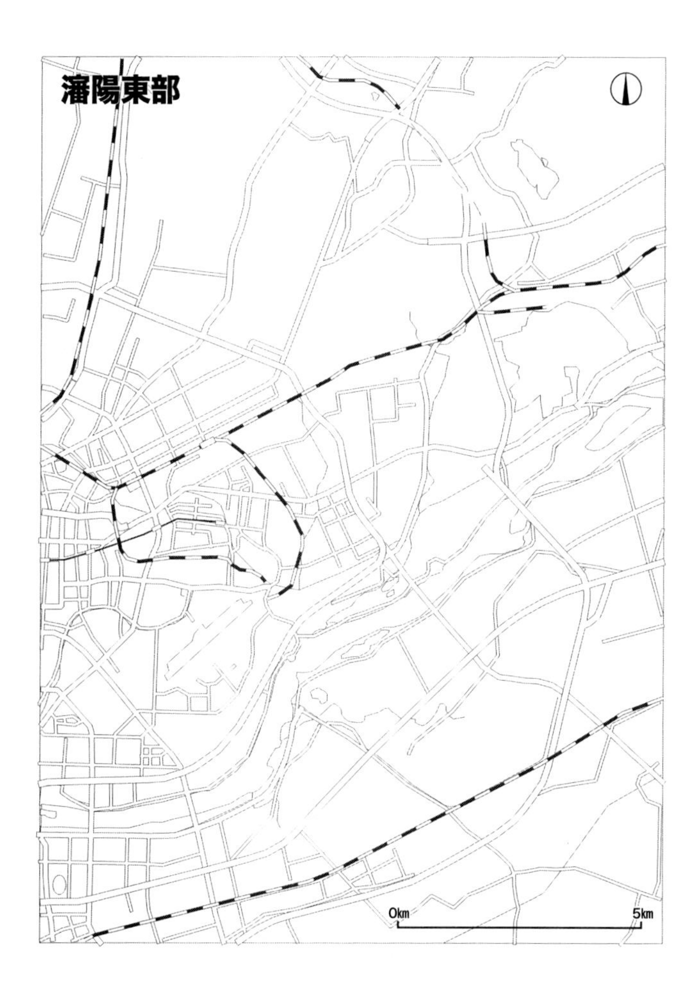
瀋陽東部
0km
5km

【白地図】福陵（東陵）

福陵（東陵）
0km
1km

【白地図】瀋陽南郊外

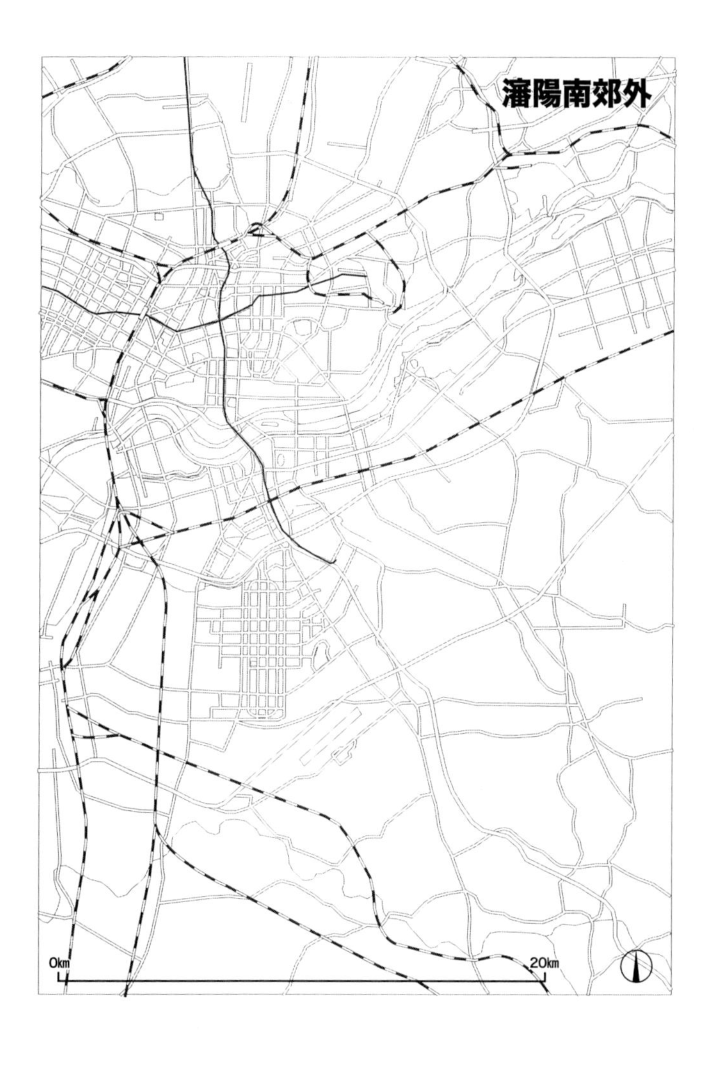
瀋陽南郊外
0km
20km

【白地図】蘇家屯

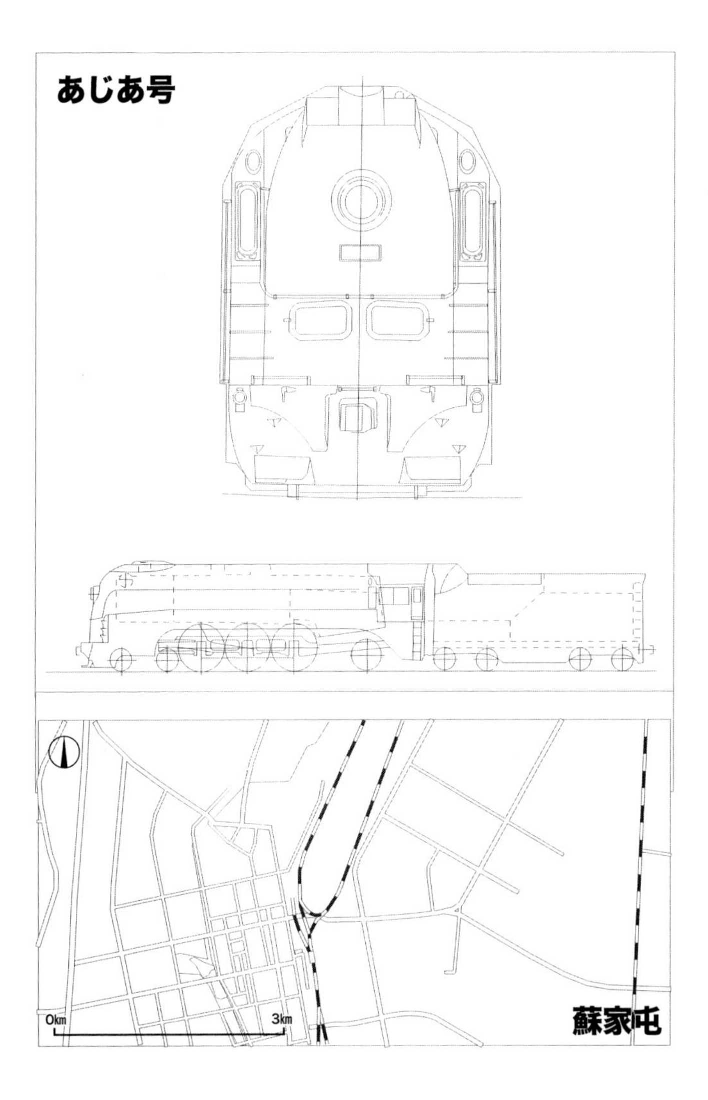
あじあ号
0km
3km
蘇家屯

清朝初代皇帝ヌルハチと第2代ホンタイジという北京遷都以前のふたりの皇帝陵墓が瀋陽郊外に残っている。この皇帝の眠る陵墓近くは土地を掘ることも禁じられるなど、清代を通じて聖域とされてきた。

時代はくだって清朝末期の1904～05年に起きた日露戦争では瀋陽郊外を舞台に奉天会戦が戦われ、以後、日本がこの地に進出するようになった。それから25年あまり経った1931年9月18日、柳条湖で満洲事変が起き、現在もその碑が立っている。

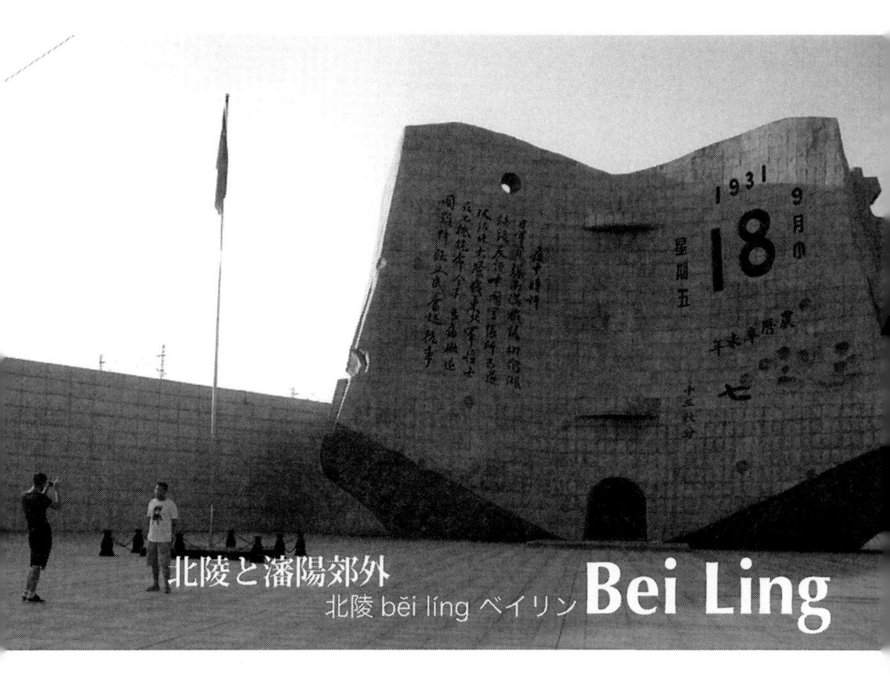

北陵と瀋陽郊外

北陵 běi líng ベイリン Bei Ling

これらの昭陵（北陵）や柳条湖はかつて瀋陽市街から北郊外に位置したが、人口の増加にともなって市域が拡大したため、今では市街とひとつながりとなっている。またさらに北側に開発区の瀋北新区がおかれるなど、瀋陽郊外は新たな発展を見せている。

【まちごとチャイナ】

遼寧省 009 北陵と瀋陽郊外

目次

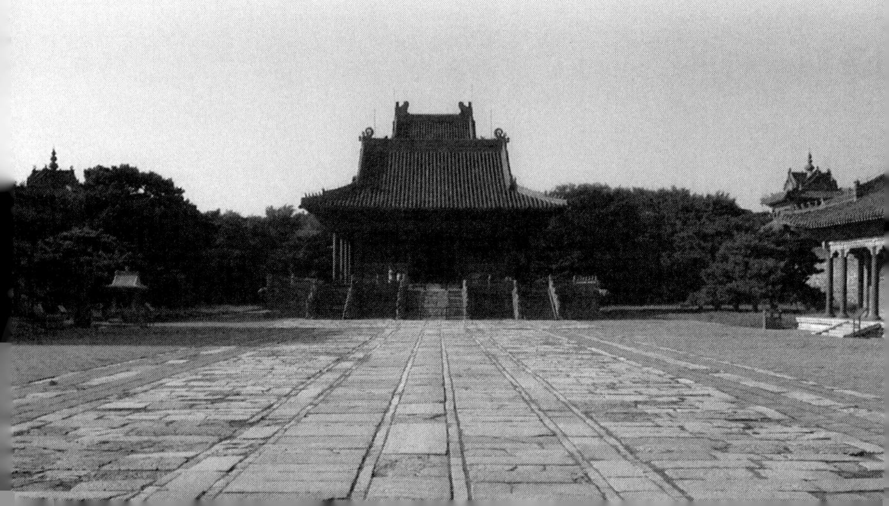

【MEMO】

【地図】瀋陽の［★★★］

□ 昭陵（北陵）昭陵チャオリン

□ 九・一八歴史博物館 九一八历史博物馆
ジュウイィバァリィシイボォウゥグァン

【地図】瀋陽の［★☆☆］

□ 瀋陽鉄路陳列館 沈阳铁路蒸汽机车陈列馆
シェンヤンティエルゥチェンチイジィチャァチェンリエグァン

【地図】瀋陽の［★☆☆］

□ 北陵公園 北陵公园ベイリンゴンユゥェン

□ 北塔護国法輪寺 北塔护国法轮寺
ベイタァフゥグゥオファルンスー

□ 瀋陽東駅 沈阳东站シェンヤンドンチャン

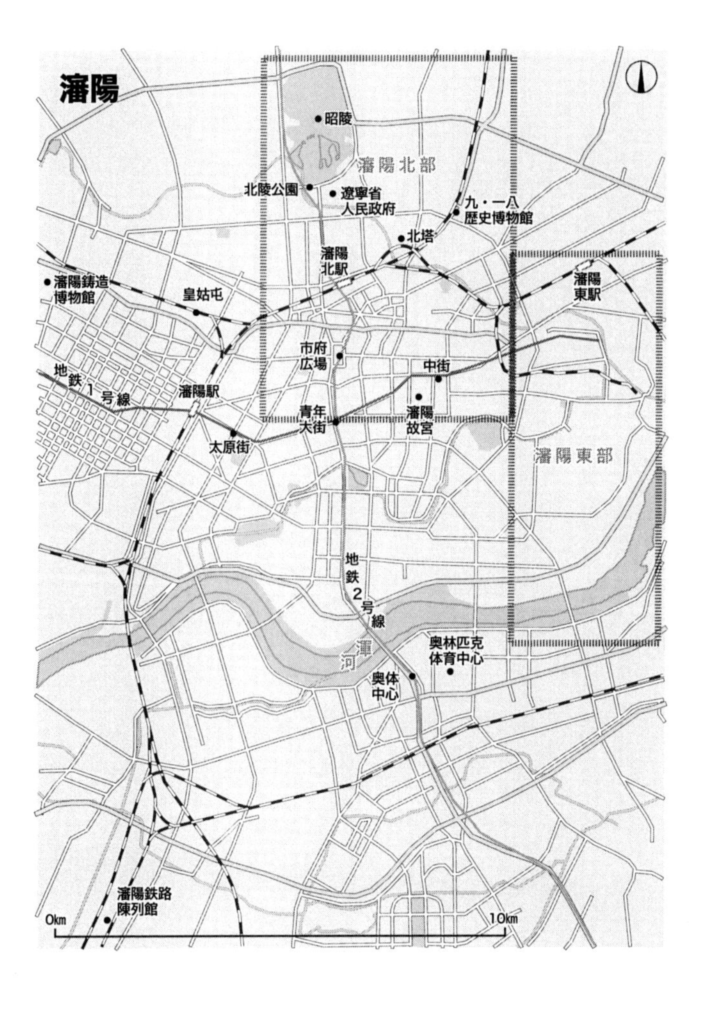
瀋陽
昭陵
瀋陽北部
北陵公園
遼寧省
人民政府
九・一八
歴史博物館
北塔
瀋陽
北駅
瀋陽鋳造
博物館
皇姑屯
瀋陽
東駅
市府
広場
中街
地
鉄
1
号
線
瀋陽駅
青年
大街
瀋陽
故宮
太原街
瀋陽東部
地
鉄
2
号
線
渾
河
奥林匹克
体育中心
奥体
中心
瀋陽鉄路
陳列館
0km
10km

CHINA
遼寧省

清と満州国の揺籃地

昭陵と福陵というふたつの皇帝陵墓
聖なる龍脈が流れるこの地は
近代、日本とも深い関係をもってきた

龍脈が流れる地

清朝（1616～1912年）を樹立した満州族のあいだでは長白山（白頭山）が聖地とされ、そこから赫図阿拉（ホトアラ）、サルフ山、福陵、昭陵へ龍脈が流れると考えられてきた。清朝皇帝の墓陵は国家や一族の繁栄に影響する龍脈の流れを見て造営されたもので、清代、この地への漢族の立ち入りを禁ずる封禁策がとられてきた。こうした事情から、瀋陽旧市街の外城の工事にあたっては昭陵の龍脈を断たないよう考慮され、福陵に近い撫順炭鉱の開発は清末期の1901年まで認められなかった。

▲左　皇帝を意味する黄色の瑠璃瓦でふかれている。　▲右　屋根におかれた神獣、墓陵を守護する

関外三陵と清朝墓陵

第3代順治帝時代の1644年に北京に遷都されるまで、清朝の都は瀋陽にあり、清朝黎明期の皇帝陵墓は瀋陽近郊に点在する。これが初代ヌルハチの福陵（東陵）、第2代ホンタイジの昭陵（北陵）、またヌルハチの先祖がまつられた永陵で、万里の長城の外側にあるという意味から関外三陵と呼ばれる（山海関の外）。また第3代順治帝以後の皇帝は、北京郊外の東陵（河北省遵化）と西陵（河北省易県）にまつられている。

満州事変から満州国建国へ

瀋陽は東北各地への鉄道路線が集中する要衝で、日露戦争以後の 1906 年から満鉄が南満州鉄道とその付属地を経営していた（満鉄付属地の警備を目的に関東軍が配置された）。中国東北地方における権益確保を狙う日本は、関東軍が中心になって、1928 年、瀋陽近郊の皇姑屯で張作霖を爆殺、また 1931 年、柳条湖で満鉄の線路を爆破し、いずれも中国人のしわざとした。とくに柳条湖事件が起こると、関東軍は軍事行動を開始し、瀋陽と満鉄沿線の主要都市を占領（満洲事変）。翌 1932 年、退位していた清朝のラストエンペラー愛新覚羅

▲左　瀋陽市街の北にあることから北陵の名前で親しまれる昭陵。　▲右
満州事変が起こったその場所に立つ博物館

溥儀を執政にして、満州国を樹立した。こうした一連の流れが瀋陽を中心に行なわれたことから、この街と日本は近代以来深い関係をもつことになった。

【MEMO】

Guide,
Zhao Ling
昭陵
鑑賞案内

瀋陽市街の北部に位置する昭陵（北陵）
関外三陵のなかでもっとも完全な
たたずまいを残している

北陵公園 北陵公园
běi líng gōng yuán ベイリンゴンユゥェン［★☆☆］

瀋陽市街の北部、清朝第2代皇帝ホンタイジの眠る昭陵が位置する北陵公園。かつて市街から離れ、鬱蒼とした森林が茂っていたが、1949年の中華人民共和国成立以後、人造湖をつくり楼閣を築いて公園として整備された。今では市民の憩いの場となっていて、この北陵公園の奥に昭陵が位置する。

昭陵（北陵）昭陵 **zhāo líng チャオリン**［★★★］

清朝第2代皇帝ホンタイジ（太宗）が眠る昭陵。ホンタイジ

【地図】北陵公園の［★★★］

□　昭陵（北陵）昭陵チャオリン

【地図】北陵公園の［★☆☆］

□　北陵公園 北陵公园ベイリンゴンユゥェン

□　新楽遺跡 新乐遗迹シンラァイィジィ

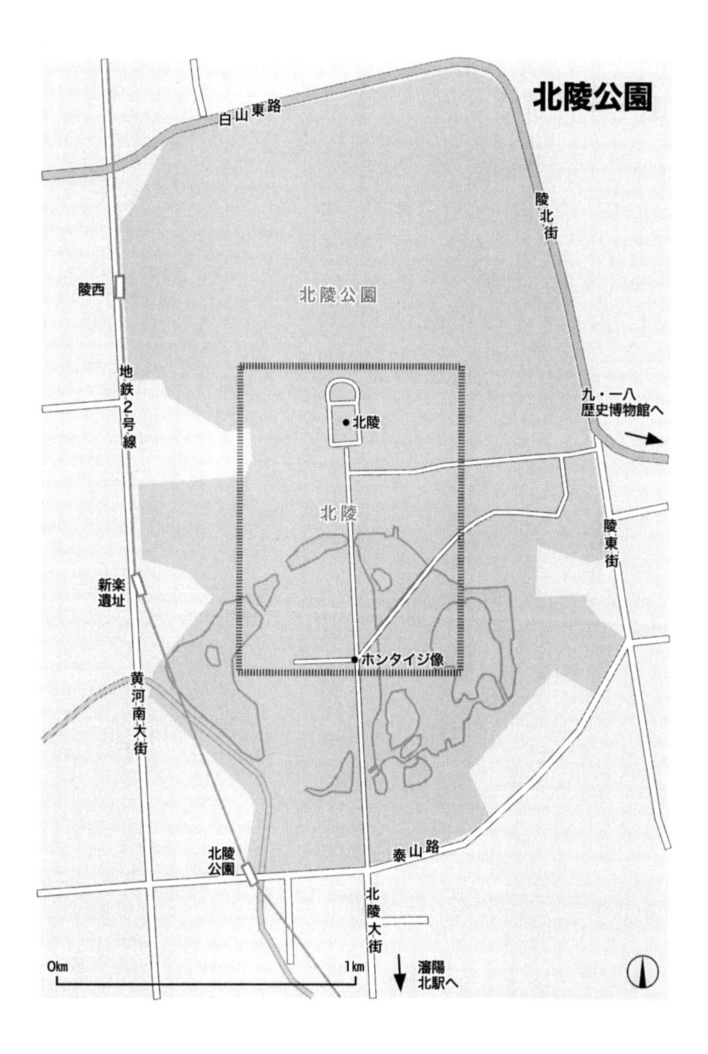
北陵公園
白山東路
陵北街
陵西
北陵公園
地鉄2号線
九・一八
歴史博物館へ
北陵
北陵
陵東街
新楽
遺址
ホンタイジ像
黄河南大街
泰山路
北陵
公園
北陵大街
0km
1km
瀋陽
北駅へ

【地図】昭陵（北陵）の［★★★］

□　昭陵（北陵）昭陵チャオリン

【地図】昭陵（北陵）の［★☆☆］

□　北陵公園 北陵公园ベイリンゴンユゥェン

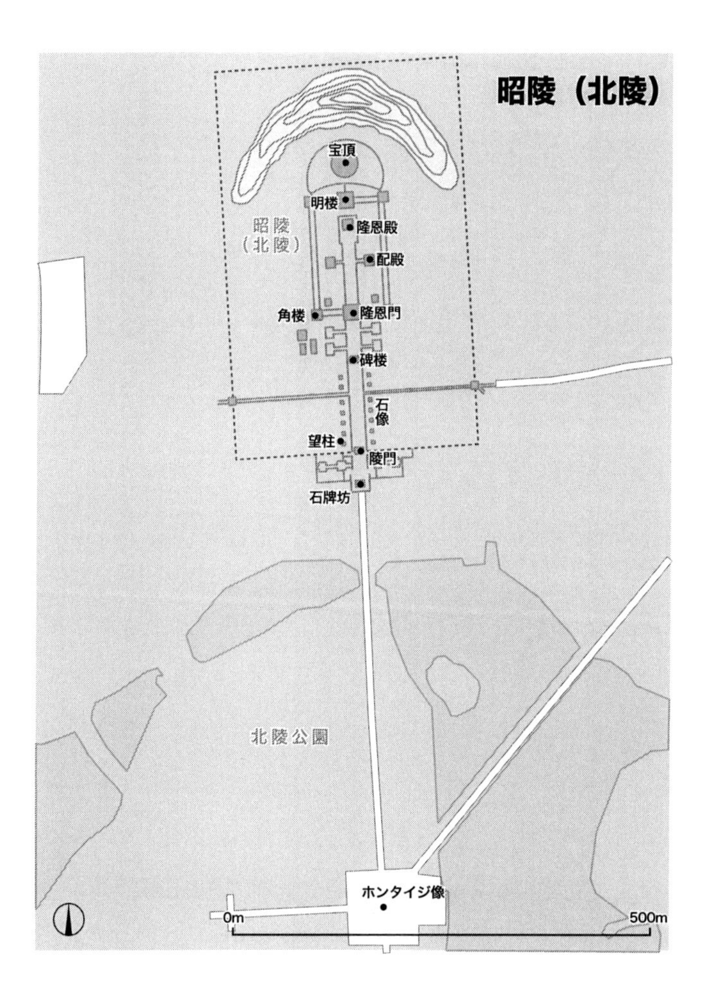
昭陵（北陵）
宝頂
明楼
隆恩殿
昭陵
（北陵）
配殿
角楼
隆恩門
碑楼
石
像
望柱
陵門
石牌坊
北陵公園
ホンタイジ像
0m
500m

▲左　中国では龍を皇帝に、鳳凰を皇后に見立てられた。　▲右　ヌルハチの偉業を受け継いで清朝を樹立した第２代ホンタイジ

は明清交代へつながる一大決戦サルフの戦いで功をあげ、ヌルハチに続いて皇帝になった。ホンタイジ時代の1636年に満州族、モンゴル族、漢族をまとめ、皇帝を中心とする清朝が形成された（それまでは後金）。瀋陽故宮から見てちょうど北側に位置することから北陵とも呼ばれ、関外三陵のなかでもっとも美しいと言われる姿を見せる。南の正紅門から軸線上に建物がならび、奥にはホンタイジとその皇后ボアルジジトが眠る。1643年に起工してから1651年に完成し、現在は世界遺産に指定されている。

【MEMO】

昭陵の構成

清朝は満州族の王朝であるが、皇帝陵は牌坊、正面の門から建物が軸線上にならぶ中国の伝統的な様式をもつ。位牌がおかれた陵恩殿を中心に楼閣が続き、奥の宝城下の地下宮殿にホンタイジと皇后が眠る。赤の周壁がめぐらされ、楼閣は皇帝のみ使用を許された黄金の瑠璃瓦でふかれている。

清朝の建国

瀋陽旧市街はホンタイジの命で 1627 年に整備されたもので、この時代、皇帝への独裁制が強化された。ホンタイジは自ら

▲左　関外三関のなかで最高傑作の誉れ高い。　▲右　明清王朝の皇帝墓として世界遺産にも指定されている

兵を率いて内蒙古東部へ兵を出し、そのとき元朝以来、モンゴル族のあいだで代々受け継がれてきた「制誥之宝」の印を手に入れた（元の領土は、明とその北のモンゴルをあわせた広大なものだった）。こうして1636年、満州族、モンゴル族、漢族から推挙されて、ホンタイジは「皇帝＝ハン」になり、大清へと国名があらためられた。ホンタイジは遼河河畔の漢族を統治するため、漢人の官僚を登用し、漢族の文化や伝統を重視した。満州族の部族制を色濃く残した後金から、清朝が樹立され、1644年の北京入城につながっていった。

Guide,
Shen Yang Bei Di Qu

瀋陽北部城市案内

CHINA
遼寧省

日中戦争への契機となった満州事変
1931年9月18日、その事件が起こった場所には
九・一八歴史博物館が立つ

市街北の文教地区

瀋陽の街は故宮のある旧市街、また20世紀以降に開発された満鉄附属地、両者のはざまの商埠地と、東西に拡大していった。こうしたなか瀋陽北駅の北側の区域は1920年代、この地に拠点をおいた軍閥の張作霖とその息子張学良の時代に整備され、大学などが多い文教地区と住宅地区となっている。1925年、張学良によって創建された旧東北大学理工楼の建物は今現在も使われている（張学良は、北陵近くで伴侶の趙一荻と暮らしていたことがあった）。

新楽遺跡 新乐遗迹 **xīn lè yí jì シンラァイィジィ** ［★☆☆］

新楽遺跡は今から7200年前にさかのぼる新石器時代の原始集落遺跡で、古くから瀋陽に人が暮らしていたことが確認された。石の皿や棒、炭化した粟粒、撫順のものとされる石炭粉が出土し、狩猟採集、漁労を行なう人々の姿があった（あわやきびなどの農耕が華北平原から東北へ伝播していく時代にあたった）。新楽という名前は、1973年、新楽精密機器公司が工事中にこの人間の住居跡を発見したことに由来する。また新楽遺跡から出土した炭化した木製の鳥の彫刻（太陽鳥）は、瀋陽市のシンボルとなっている。

【地図】瀋陽北部の［★★★］

- □ 昭陵（北陵）昭陵チャオリン
- □ 九・一八歴史博物館 九一八历史博物馆
  ジュウイィバァリィシイボォウゥグァン

【地図】瀋陽北部の［★☆☆］

- □ 北陵公園 北陵公园ベイリンゴンユゥェン
- □ 新楽遺跡 新乐遗迹シンラァイィジィ
- □ 抗美援朝烈士陵園 抗美援朝烈士陵园
  カンメイユゥエンチャオリエシィリンユゥエン
- □ 北塔護国法輪寺 北塔护国法轮寺
  ベイタァフゥグゥオファルンスー

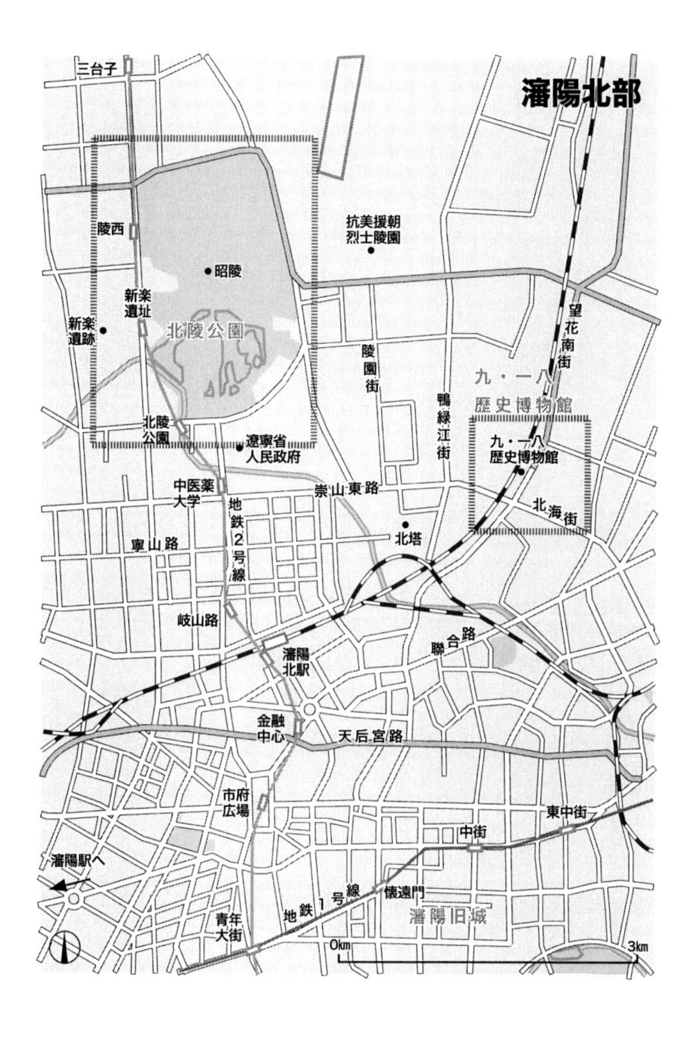
瀋陽北部
三台子
陵西
昭陵
抗美援朝
烈士陵園
新楽
遺址
新楽
遺跡
北陵公園
望
花
南
街
陵
園
街
九・一八
歴史博物館
鴨
緑
江
街
北陵
公園
遼寧省
人民政府
九・一八
歴史博物館
中医薬
大学
崇山東路
地
鉄
2
号
線
北海街
北塔
寧山路
岐山路
聯合路
瀋陽
北駅
金融
中心
天后宮路
市府
広場
東中街
中街
瀋陽駅へ
懐遠門
地鉄1号線
瀋陽旧城
青年
大街
0km
3km

抗美援朝烈士陵園 抗美援朝烈士陵园
kàng měi yuán cháo liè shì líng yuán
カンメイユゥエンチャオリエシィリンユゥエン［★☆☆］

北陵公園の東に位置する抗美援朝烈士陵園。1950 ～ 53 年の朝鮮戦争で犠牲になった人々が埋葬され、1951 年に完成したあと､何度か改修されている。抗美援朝とは「アメリカ（美国）に対抗し、北朝鮮を助ける」という意味。

▲左　北陵公園で憩う人々。　▲右　瀋陽駅を出た列車は北東へ進んでいく

北塔護国法輪寺 北塔护国法轮寺 **běi tǎ hù guó fǎ lún sì**
ベイタァフゥグゥオファルンスー［★☆☆］

北塔は清朝の時代、瀋陽市街をとりかこむように創建された4つのチベット仏教寺院のストゥーパのひとつ。東塔永光寺、南塔広慈寺、西塔延寿寺、北塔法輪寺の四塔四寺が街を守護するように東西南北に配置されている。これらは1645年に創建され、チベット仏教様式の白塔となっている。

【地図】九・一八歴史博物館の［★★★］

□　九・一八歴史博物館 九一八历史博物馆

ジュウイィバァリィシイボォウゥグァン

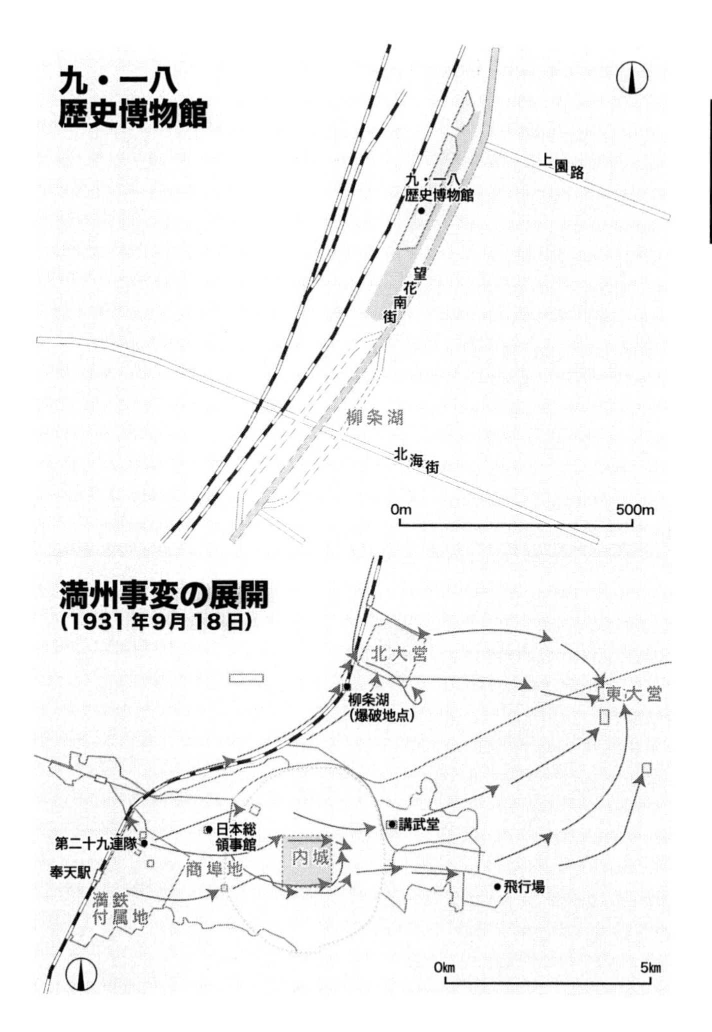
九・一八
歴史博物館
上園路
九・一八
歴史博物館
望
花
南
街
柳条湖
北海街
0m
500m
満州事変の展開
(1931 年9月18日)
北大営
東大営
柳条湖
(爆破地点)
日本総
領事館
講武堂
第二十九連隊
内城
商埠地
奉天駅
飛行場
満鉄
付属地
0km
5km

九・一八歴史博物館 九一八历史博物馆
jiǔ yī bā lì shǐ bó wù guǎn
ジュウイィバァリィシイボォウゥグァン［★★★］

瀋陽北東 7㎞郊外の柳条湖に立つ九・一八歴史博物館。1931年9月18日、ここで日本の関東軍によって満鉄線が爆破され、それを中国側のしわざだとして軍事行動に出る満州事変が勃発した。関東軍は夜明けまでに瀋陽を占領、その後、満州の主要都市へ勢力を広げ、翌年、日本の傀儡国家である満州国が樹立された。「満蒙を中国から切り離して領有する」というこの作戦は、石原莞爾が立て、板垣征四郎の責任のもと進

▲左　九・一八歴史博物館の前で営業していた屋台。　▲右　日本軍部による満州事変はここからはじまった

められた。中国では満州事変を「九・一八」と呼び、巨大なモニュメントが建てられ、写真などで当時の様子が解説されている。また日本軍部による戦功記念碑も残っている。

柳条湖とは

かつて大きな沼（湖）があり、そのほとりに柳樹がしげっていたことから、柳条湖の地名で呼ばれるようになった。当時の新聞が誤報したことなどから、「柳条溝」とも表記され、ここでは満鉄線の線路が伸び、蒸気機関車が往来する様子が見られた。爆破地点から北へ800mの地点に張学良ひきいる中国軍の北大営があったことなどからこの場所が選ばれた(事件の拡大を恐れた張学良は不抵抗主義をとった)。

日本の進出

1905年、日露戦争に勝利し、大連、旅順といった遼東半島南端と南満州鉄道その付属地（駅前や線路沿い）をロシアから譲り受け、日本は満州への進出を本格化させた。人口増加や食糧難から多くの日本人が海を渡り、瀋陽にも日本人街が形成されていた。1915年、二十一ヵ条要求を中国に突きつけ、中国権益の拡大をねらう日本に対して、日本製品のボイ

▲左　夜の瀋陽市街、市街から郊外へと都市化が進んでいる。　▲右　昭和7年は満州国が建国された1932年（日本による石碑）

コットなど排日運動が起こった（中国側が平行線を敷いたことで満鉄の売上がさがった）。また1929年の世界恐慌の影響もあって行きづまった日本は、大連、旅順、鉄道と付属地などの特殊権益をもつ満州を、中国から切り離し、これを領有する計画が進められた。

【MEMO】

Guide,
Shen Yang Bei Jiao Qu

北郊外
城市案内

瀋陽の北郊外に設置された瀋北新区
農業や自然を利用した新たな開発区として
注目が集まっている

瀋北新区 沈北新区
shěn běi xīn qū シェンベイシィンチュウ ［★☆☆］

遼河と渾河のはざま、瀋陽の18km郊外に整備され、21世紀に入ってから急速に開発が進む瀋北新区。郊外に開発区がつくられている瀋陽にあって、瀋北新区では自然環境を生かして、農業や食品加工などの研究が進められている。また七星山、石仏寺ダム、森林公園なども位置する。

【地図】瀋陽郊外の［★★★］

□　昭陵（北陵）昭陵チャオリン

□　福陵（東陵）福陵フゥウリン

【地図】瀋陽郊外の［★☆☆］

□　瀋北新区 沈北新区シェンベイシィンチュウ

□　怪坡風景区 怪坡风景区グァイポウフェンジンチュウ

□　瀋陽植物園 沈阳植物园シェンヤンチイウゥユゥエン

□　棋盤山風景区 棋盘山风景区
　　チイパンシャンフェンジンチュウ

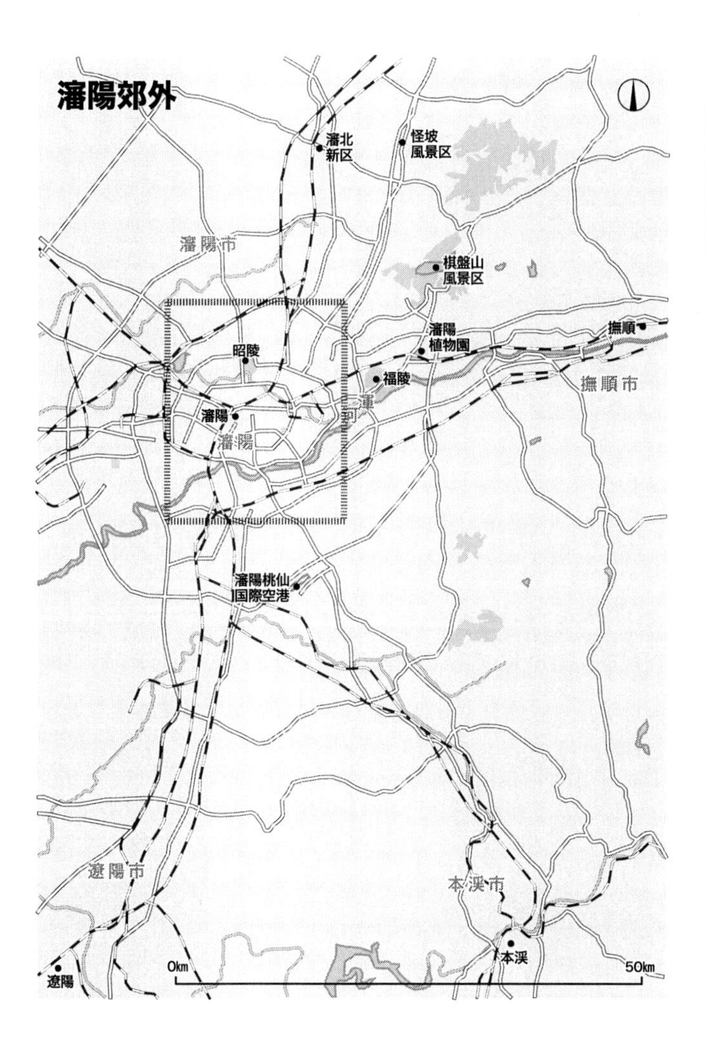
瀋陽郊外
瀋北
新区
怪坡
風景区
瀋陽市
棋盤山
風景区
瀋陽
植物園
撫順
昭陵
福陵
撫順市
渾
河
瀋陽
瀋陽
瀋陽桃仙
国際空港
遼陽市
本渓市
本渓
遼陽
0km
50km

遼寧省

怪坡風景区 怪坡风景区
guài pō fēng jǐng qū グァイポウフェンジンチュウ［★☆☆］

瀋北新区に位置し、不思議な坂が見られる怪坡風景区。長さ80m の坂が錯覚でのぼりのときにくだっているように見え、くだりのときにのぼっているように見えることから、怪坡（不思議な坂）と呼ばれる。あたりには虎園、臥龍禅寺などの景勝地が位置する。

Guide,
Shen Yang Dong Di Qu

瀋陽東部城市案内

CHINA
遼寧省

自動車産業の集積が進む大東新市区
清朝初代皇帝ヌルハチの墓陵
美しい自然が広がる瀋陽東郊外

大東新市区 大东新区
dà dōng xīn qū ダァドンシィンチュウ［★☆☆］

瀋陽市街の東部に位置し、新たな工業地帯として注目されている大東新市区。この大東新市区の3分の2までが工業地だと言われ、とくに自動車部品メーカー、自動車関連サービスなどが集積されている（「瀋陽自動車城」と呼ばれる）。瀋陽の自動車産業は、1930年に張学良によってこの地に中国初の自動車工場が設立された歴史をもち、1931年、「民生」というブランドでトラックがつくられていた（満州事変の勃発で途絶えた）。

瀋陽東駅 沈阳东站
shěn yáng dōng zhàn シェンヤンドンチャン ［★☆☆］

1926年に建設された奉海駅を前身にもつ瀋陽東駅。1906年以降、中国東北地方を縦断する南満鉄は、莫大な利益をあげていたが、この満鉄に対抗するため満鉄をはさむように二大幹線が中国側によってつくられた。瀋陽東駅はこの東側の駅にあたり、商業センターや公園も同時に整備された。

【地図】瀋陽東部の［★★★］

□　福陵（東陵）福陵フゥウリン

【地図】瀋陽東部の［★☆☆］

□　大東新市区 大东新区ダァドンシィンチュウ

□　瀋陽東駅 沈阳东站シェンヤンドンチャン

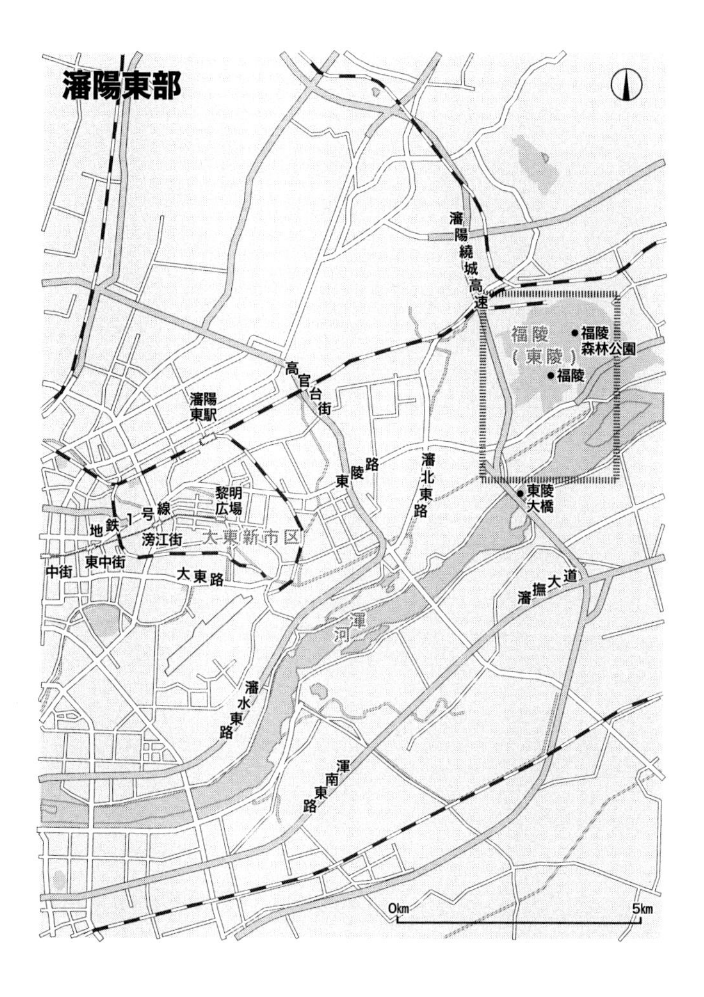
瀋陽東部
瀋陽繞城高速
福陵（東陵）
福陵森林公園
福陵
高官台街
瀋陽東駅
東陵路
瀋北東路
東陵大橋
黎明広場
地鉄1号線
滂江街
大東新市区
中街
東中街
大東路
瀋撫大道
渾河
瀋水東路
渾南東路
0km
5km

【地図】福陵（東陵）の［★★★］

□　福陵（東陵）福陵フゥウリン

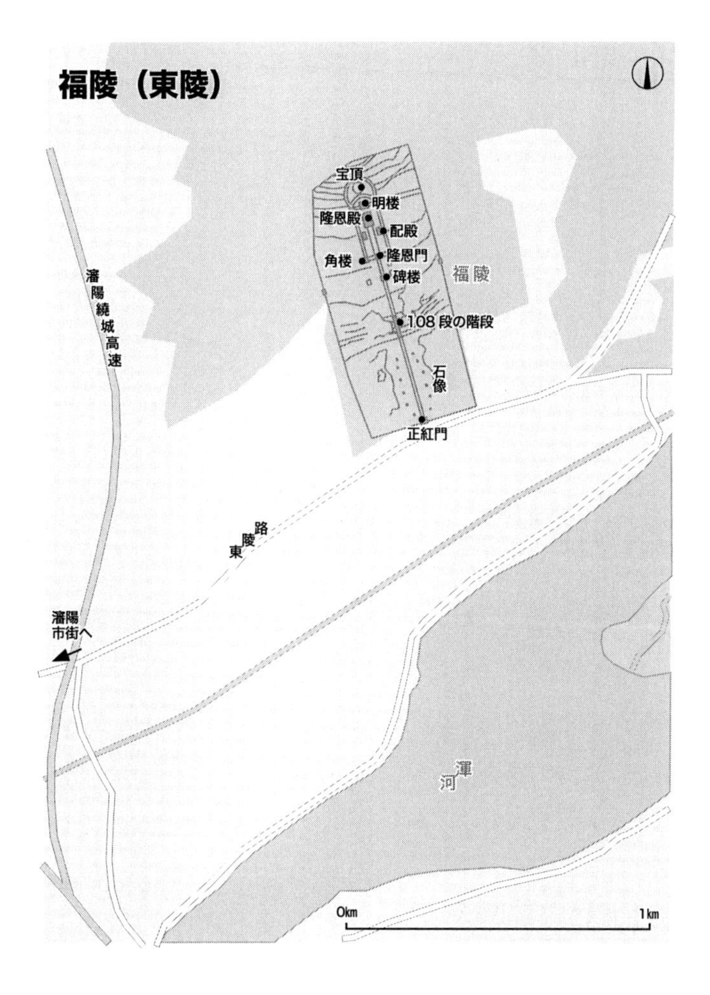
福陵（東陵）
宝頂
明楼
隆恩殿
配殿
角楼
隆恩門
碑楼
福陵
108段の階段
石像
正紅門
瀋陽繞城高速
東陵路
瀋陽
市街へ
渾河
0km
1km

遼寧省

福陵（東陵） 福陵 **fú líng フゥウリン** ［★★★］

福陵は、瀋陽から東に 11km離れた天柱山の麓に築かれた清朝初代皇帝ヌルハチの陵墓。長白山に発する龍脈が届き、渾河を前にした風水をもつことから、この場所が選ばれた。1629 年から工事がはじまって 1651 年に完成し、太祖ヌルハチと皇后のイェヘナラがまつられている(ヌルハチの遺体は、瀋陽城北西隅に安置されたのち、こちらに移された)。当時、中国には北京に都をおく明朝があったが、ヌルハチは瀋陽の東部から挙兵し、明軍を破って最後に瀋陽に拠点を定めた。この福陵では、満州文字を中心に左右に漢字とモンゴル文字

▲左　清朝初代皇帝ヌルハチの墓、福陵（東陵）。　▲右　巨大な煙突から煙があがる

が記されている扁額が見られ、ヌルハチの満州族がより威光をもつかたちとなっている。瀋陽の東にあたることから東陵とも呼ばれる。

福陵の構成

渾河を前、天柱山を背後にした最高の風水の場所に自然の地形を利用して展開する福陵。19万5000平方メートルの敷地を周壁がとり囲み、その内部は建物が軸線上にならぶ中国の伝統的な建築様式をもつ（他の皇帝墓陵同様に神殿や石獣がもうけられている）。あたりは公園になっていて、美しい景

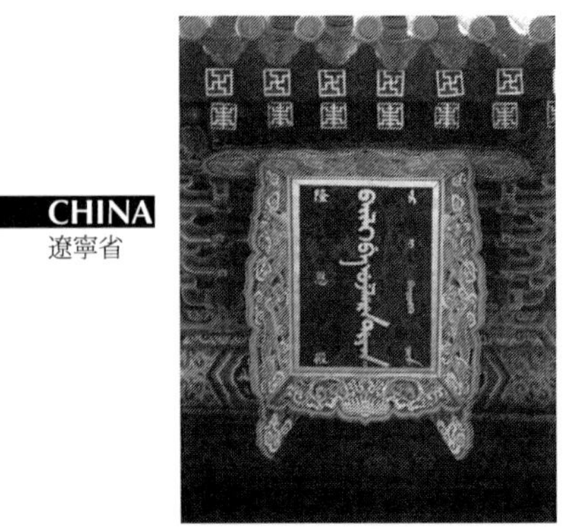

▲左　満州文字の両脇に漢字とモンゴル文字がならぶ。　▲右　龍は皇帝を意味するヌルハチは清の初代皇帝

観が広がる。

ヌルハチの挙兵と遼東進出

ヌルハチは農耕や狩猟を行なう女真族を出自とし、毛皮や人参の交易をとりもつなかで台頭してマンジュ国を樹立した(女真族には 12 世紀に金を建国した歴史がある。マンジュという名前は東方を守護する文殊菩薩にちなみ、民族名となった)。1616 年、国号を後金とあらため、1619 年のサルフの戦いで明軍を破って遼東平野に進出した。当初、ヌルハチの拠点は撫順東の赫図阿拉城にあったが、そこからサルフ、遼陽、

【MEMO】

そして瀋陽へと拠点を遷していった。この後金が第2代ホンタイジ（1936年）に清と改められ、第3代順治帝の時代（1644年）に北京へ入城することになった。

瀋陽植物園 沈阳植物园
shěn yáng zhí wù yuán シェンヤンチイウゥユゥエン［★☆☆］
瀋陽東陵区の丘陵に展開する瀋陽植物園。中国東北地方や内蒙古自治区などで生息する1700もの植物が栽培されている。

▲左　満州族は中国の文化をとり入れていった。　▲右　渾南新区にある瀋陽奥林匹克体育中心体育場

棋盤山風景区 棋盘山风景区 **qí pán shān fēng jĭng qū**
チイパンシャンフェンジンチュウ ［★☆☆］

瀋陽から 17㎞、瀋陽と撫順のあいだに位置する棋盤山風景区。瀋陽市街を中心に東西南北にそれぞれ棋盤山風景区、瀋西工業回廊、渾南新区、瀋北新区がおかれ、東部の棋盤山風景区は自然環境が保護された観光区となっている。動植物自然保護区はじめ、いくつもの景観が点在し、ここで冬に見られる「輝山晴雪」は瀋陽八景にもあげられている。

Guide,
Shen Yang Nan Jiao Qu

南郊外城市案内

瀋陽の空の玄関口となっている瀋陽桃仙国際空港
また満鉄のあじあ号を展示する瀋陽鉄路陳列館
伝統的な満州族の生活を伝える集落も見られる

瀋陽鉄路陳列館 沈阳铁路蒸汽机车陈列馆
shěn yáng tiě lù zhēng qì jī chē chén liè guǎn シェンヤンティエルゥチェンチイジィチャァチェンリエグァン [★★☆]

瀋陽南郊外の蘇家屯に開館した瀋陽鉄路陳列館。アメリカ、日本、ロシア、ドイツ製などの蒸気機関車が展示されている。とくに満鉄によるあじあ号を牽引したパシナ形が注目され、1934年に運行を開始し、大連と長春のあいだを8時間半で走った。この陳列館が位置する蘇家屯はかつての満鉄の二大収益源であった撫順からの石炭と満州方面からの大豆が合流する鉄道の要地だった。

【地図】瀋陽南郊外の［★★★］

□　昭陵（北陵）昭陵チャオリン

□　福陵（東陵）福陵フゥウリン

【地図】瀋陽南郊外の［★★☆］

□　瀋陽鉄路陳列館 沈阳铁路蒸汽机车陈列馆
　　シェンヤンティエルゥチェンチイジィチャァチェンリエグァン

【地図】瀋陽南郊外の［★☆☆］

□　満族民俗村 满族民俗村マンズゥミンシュウチュン

□　瀋陽桃仙国際空港 沈阳桃仙国际机场
　　シェンヤンタオシャングゥオジイジイチャン

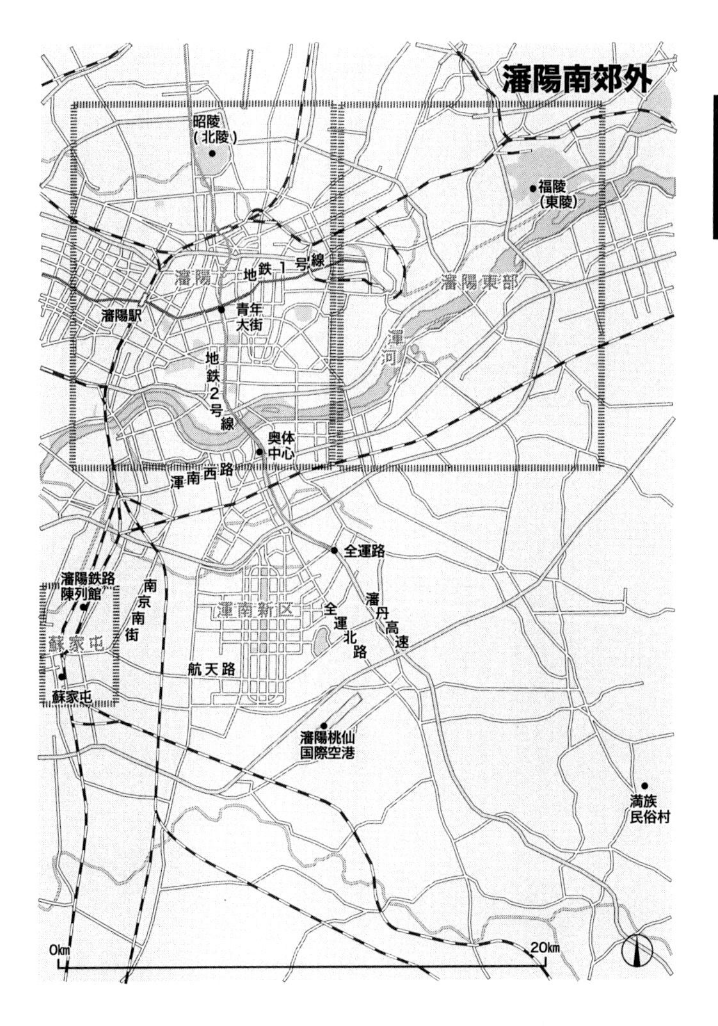
瀋陽南郊外
昭陵
（北陵）
福陵
（東陵）
瀋陽
地鉄1号線
瀋陽東部
瀋陽駅
青年
大街
渾河
地
鉄
2
号
線
奥体
中心
渾南西路
全運路
瀋陽鉄路
陳列館
南
京
南
街
渾南新区
全
運
北
路
瀋
丹
高
速
蘇家屯
航天路
蘇家屯
瀋陽桃仙
国際空港
満族
民俗村
0km
20km

【地図】蘇家屯の［★★☆］

□　瀋陽鉄路陳列館 沈阳铁路蒸汽机车陈列馆
　シェンヤンティエルゥチェンチイジィチャァチェンリエグァン

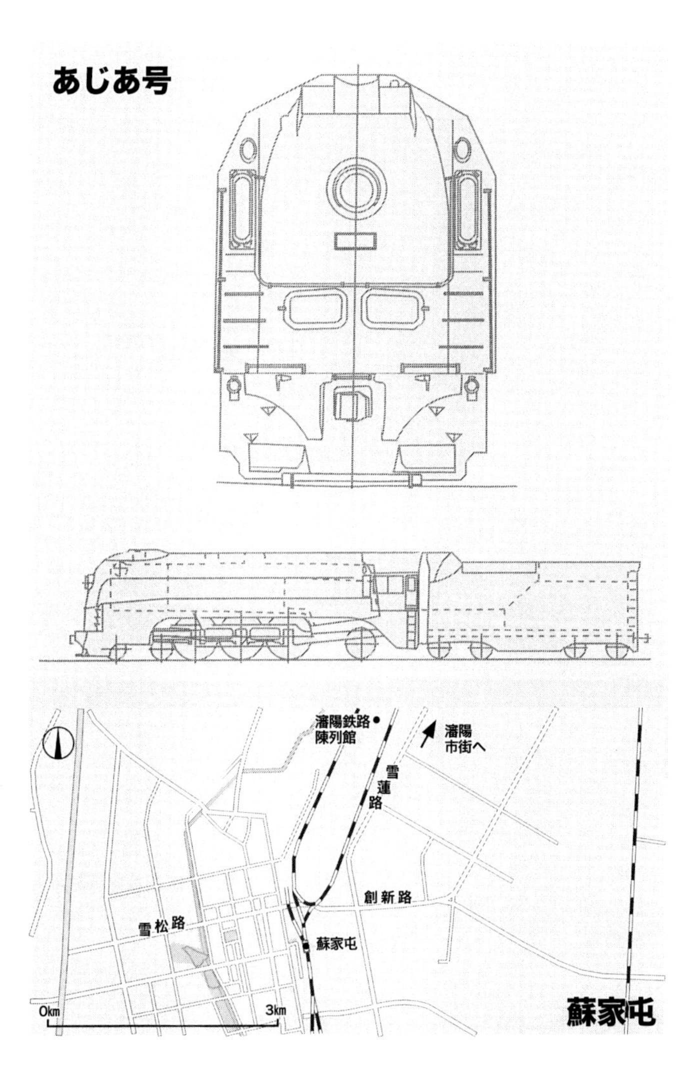
あじあ号
瀋陽鉄路陳列館
瀋陽市街へ
雪蓮路
創新路
雪松路
蘇家屯
0km
3km
蘇家屯

満州を走ったあじあ号

欧米から遅れて産業革命を達成した日本にとって、鉄道技術で欧米に追いつくのは悲願だった。あじあ号は満鉄が独自に開発したもので、空気抵抗を減少させる流線型のボディ、客車の密閉された全車両の空調設備といった特徴をもっていった（最高速度110キロ、平均時速80キロを超える速度で、当時の世界最速級）。食堂車ではロシア人女性による「あじあカクテル」が振舞われるなど、当時の日本では見られなかった特別急行列車だった。このあじあ号の過程で得た技術は戦後、日本の新幹線につながっていった。

▲左　瀋陽の街は郊外に拡大を続けている。　▲右　満州族の衣装を着て記念撮影ができる、北稜公園にて

満族民俗村 满族民俗村
mǎn zú mín sú cūn マンズゥミンシュウチュン ［★☆☆］

瀋陽市街から25km離れた南郊外の李相村に位置する満族民俗村（空港から5km）。瀋陽郊外に暮らす満州族の伝統的な暮らし、民族文化や生活スタイルが紹介されている。

瀋陽桃仙国際空港 沈阳桃仙国际机场
shěn yáng táo xiān guó jì jī chǎng
シェンヤンタオシャングゥオジイジイチャン［★☆☆］

瀋陽桃仙国際空港は東北地方を代表する空港で、市街から南東に 20㎞離れている。瀋陽と瀋陽を中心に撫順、本渓、鞍山、鉄嶺、遼陽と展開への足がかりにもなっている。

渾河河畔の瀋陽と日本

CHINA
遼寧省

東北地方の中心都市瀋陽
清朝発祥の地、また日中の近代史を彩った
さまざまな顔をもつ

遼河、渾河と瀋陽

ロシアによって鉄道（のちの満鉄）が敷かれるまで東北地方の大動脈となってきたのが遼河で、遼寧省の名前の由来になったこの川は瀋陽の北側から西側を流れている。東の撫順方面から瀋陽へ流れる渾河は、かつて遼河に合流していたが、これらの河川は河道をひんぱんに変え、それら旧河道が運河などをつくっている（明代、遼河は今より8km東を流れていたという）。こうした経緯から、とくに瀋陽北部の遼河と渾河のあいだは遼沢と呼ばれる湿地帯が続いてる。

▲左　清朝の遺構と近代中国の遺構が残る瀋陽。　▲右　皇帝墓陵の最奥部に位置する墳丘、この下に皇帝が眠る

奉天会戦

奉天会戦は日露戦争で起こった最大の陸上戦で、1905年3月、瀋陽市街をとり囲むように日本とロシア両軍あわせて55万人が激突した（遼陽会戦、沙河会戦などでロシアは北へ退却を続けた）。クロパトキンにひきいられたロシアの兵数は28万、日本は20万で、遠く撫順のほうまでにらみあい、北陵あたりで激戦が交わされたのち日本が勝利した。奉天会戦後も日露戦争は半年続いたが、両者打つ手なく、1905年9月ポーツマス条約が結ばれることになった。奉天会戦のとき馬賊の張作霖が日本軍に捕まり、以後、日本に貢献することを誓っ

たという（当時、運河だけでなく地面も掘ることができないほど凍結していた）。

瀋陽から満州国建国

1931年9月18日、関東軍によって満州事変が起こると、すぐさま瀋陽には戒厳令が敷かれ、軍部の土肥原賢二が奉天市長に任命された。翌年、「五族協和」「王道楽土」という理想を掲げて、日本の傀儡国家である満州国が樹立された（当時、瀋陽が満州随一の都だったが、地理や土地の値段などをふまえて都は長春に決まった）。この満州国の象徴としてかつが

▲左　大通りが郊外に伸びる、柳条湖付近。　▲右　瀋陽は激動の近代の舞台となった

れたのが、1911年の辛亥革命以後、廃帝となっていた清朝のラストエンペラー愛新覚羅溥儀で、溥儀にとって満州は清朝発祥の地でもあった。この時代、満蒙開拓団として多くの日本人が海を渡ったが、1937年の盧溝橋事件で日中戦争が勃発し、1945年に日本が敗戦すると満州国は滅亡した。

参考文献

『中国歴史建築案内』（楼慶西 /TOTO 出版）

『ヌルハチの都』（三宅理一 / ランダムハウス講談社）

『清初皇帝権の形成過程』（石橋崇雄 / 東洋史研究）

『満州事変』（臼井勝美 / 中央公論社）

『満州事変から日中戦争へ』（加藤陽子 / 岩波書店）

『関東軍』（島田俊彦 / 中央公論社）

『満鉄特急あじあ号』（市原善積 / 原書房）

『世界大百科事典』（平凡社）

［PDF］瀋陽地下鉄路線図 http://machigotopub.com/pdf/shenyangmetro.pdf

［PDF］瀋陽空港案内 http://machigotopub.com/pdf/shenyangairport.pdf

まちごとパブリッシングの旅行ガイド

Machigoto INDIA , Machigoto ASIA , Machigoto CHINA

004 パタン
005 バクタプル
006 ポカラ
007 ルンビニ
008 チトワン国立公園

【バングラデシュ - まちごとアジア】

001 はじめてのバングラデシュ
002 ダッカ
003 バゲルハット（クルナ）
004 シュンドルボン
005 プティア
006 モハスタン（ボグラ）
007 パハルプール

【パキスタン - まちごとアジア】

002 フンザ
003 ギルギット（KKH）
004 ラホール
005 ハラッパ
006 ムルタン

【イラン - まちごとアジア】

001 はじめてのイラン
002 テヘラン
003 イスファハン
004 シーラーズ
005 ペルセポリス
006 パサルガダエ（ナグシェ・ロスタム）
007 ヤズド
008 チョガ・ザンビル（アフヴァーズ）
009 タブリーズ
010 アルダビール

【北京 - まちごとチャイナ】

001 はじめての北京
002 故宮（天安門広場）
003 胡同と旧皇城
004 天壇と旧崇文区
005 瑠璃廠と旧宣武区
006 王府井と市街東部
007 北京動物園と市街西部
008 頤和園と西山
009 盧溝橋と周口店
010 万里の長城と明十三陵

【天津 - まちごとチャイナ】

001 はじめての天津
002 天津市街
003 浜海新区と市街南部
004 薊県と清東陵

【上海 - まちごとチャイナ】

001 はじめての上海
002 浦東新区
003 外灘と南京東路
004 淮海路と市街西部
005 虹口と市街北部
006 上海郊外（龍華・七宝・松江・嘉定）
007 水郷地帯（朱家角・周荘・同里・甪直）

【河北省 - まちごとチャイナ】

001 はじめての河北省
002 石家荘
003 秦皇島
004 承徳
005 張家口
006 保定
007 邯鄲

【江蘇省 - まちごとチャイナ】

001 はじめての江蘇省
002 はじめての蘇州
003 蘇州旧城
004 蘇州郊外と開発区
005 無錫
006 揚州
007 鎮江
008 はじめての南京
009 南京旧城
010 南京紫金山と下関
011 雨花台と南京郊外・開発区
012 徐州

【浙江省 - まちごとチャイナ】

001 はじめての浙江省
002 はじめての杭州
003 西湖と山林杭州
004 杭州旧城と開発区
005 紹興
006 はじめての寧波
007 寧波旧城
008 寧波郊外と開発区
009 普陀山
010 天台山
011 温州

【福建省 - まちごとチャイナ】

001 はじめての福建省
002 はじめての福州
003 福州旧城
004 福州郊外と開発区
005 武夷山
006 泉州
007 厦門
008 客家土楼

【広東省 - まちごとチャイナ】

001 はじめての広東省
002 はじめての広州
003 広州古城
004 天河と広州郊外
005 深圳（深セン）
006 東莞
007 開平（江門）
008 韶関
009 はじめての潮汕
010 潮州
011 汕頭

【遼寧省 - まちごとチャイナ】

001 はじめての遼寧省
002 はじめての大連
003 大連市街
004 旅順
005 金州新区